La Fièvre d'Amour

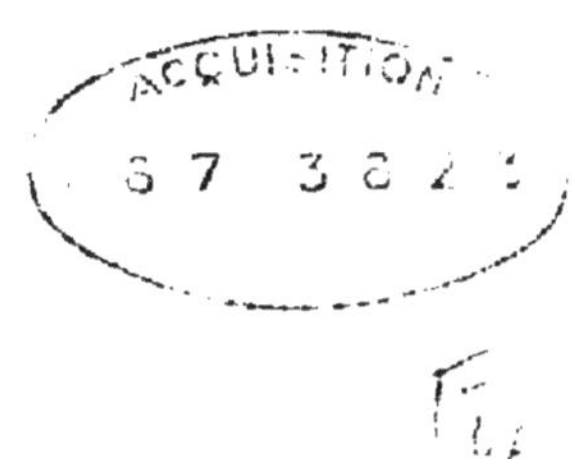

Justification

Il a été tiré de cet ouvrage:

35 exemplaires sur papier du Japon numérotés de 1 à 35

225 exemplaires sur papier de Madagascar numérotés de 36 à 260

3.000 exemplaires sur Vergé Francia numérotés de 261 à 3.260

Plus 200 exemplaires sur Vergé pur Fil Vincent Montgolfier des Papeteries Louis Muller & Fils, *38, rue de Flandre à Paris, réservés aux Amis de l'Auteur, et non numérotés.*

FRANÇOIS BERNOUARD

La Fièvre d'Amour

Dialogue en prose, coupé de trois
repos pour les interprètes
et le public.

Typographie
FRANÇOIS BERNOUARD
73, Rue des Saints-Pères, 73
PARIS

Note typographique

Depuis plus de vingt ans que j'imprime, je n'avais jamais trouvé un dialogue composé de façon à le rendre logique à l'esprit et agréable à la vue. En écrivant cette nouvelle, je m'étais amusé à disposer les phrases de manière que les répliques tombent l'une sous l'autre.

J'eus le plaisir de ne couper aucun mot, de supprimer les creux blancs du côté droit des pages, de me rapprocher davantage de la conversation. L'effet me parut réussi et j'adoptai cette disposition de typographie a la réplique pour ce court dialogue.

Notes de l'auteur

Cette action peut se dérouler dans n'importe quel milieu de la société, même dans n'importe quel pays.

Les professions de René et de Pierre peuvent être changées ; les personnages peuvent avoir entre :

Lorette, 22 *à* 40 *ans,*
René, 27 *à* 43 *ans,*
Pierre, 30 *à* 47 *ans.*

De toute façon, l'âge de Lorette servira de base pour l'âge des autres personnages, mais il serait préférable qu'on s'en tînt au décor, aux âges et au milieu indiqués ici :

Milieu : petite bourgeoisie française.

Décor : décrit au début.

Ages : Lorette, 27 *ans,* René, 32 *ans, Pierre,* 35 *ans.*

Les interprètes doivent jouer devant le public avec des hésitations, comme s'ils répétaient.

Cette pièce est écrite sur le principe suivant :

Nous allons au théâtre pour écouter quelques pensées et apprendre à jouer la comédie dans la vie.

Premier Tableau

La scène représente une belle pièce, large, un peu atelier. Par les deux larges baies et par la porte ouvertes on voit une campagne ensoleillée par Juillet; deux tables, des divans, des tableaux aux murs et à terre. Sur les tables, des livres modernes et anciens, des chaises de-ci de-là.

Scène I

RENÉ, LORETTE

LORETTE, *lasse.*

Non, non.

RENÉ, *derrière Lorette.*

Lorette, mon cher petit, laisse-moi t'embrasser... seulement.

LORETTE, *s'éloignant.*

Je ne peux pas.

RENÉ, *restant à sa place, accablé.*

Vraiment ?

LORETTE

C'est décidé depuis longtemps, tu ne devais même plus insister.

RENÉ, *sans énergie.*

Je t'aime toujours.

LORETTE, *gênée, lasse.*

Que te répondre ?... Tu sais...

RENÉ, *l'interrompant.*

Non... ne me parle pas de ton amitié.

LORETTE

Pourtant, c'est tout.

RENÉ

Regarde, Lorette, comme la nature est belle, là-bas, les étangs, les fleurs; entends tout ce bruit... Chaque seconde qui passe, nous ne la retrouverons plus jamais. Nous sommes jeunes, et l'amour est fort en nous.

LORETTE, *sans regarder René.*

Je n'ose plus regarder ce qui est beau, mon pauvre René, tant je te trouve laid si je te regarde après... Si j'ai besoin de caresses, — ça m'arrive...

RENÉ

Lorette.

LORETTE

Je prends une fleur, je l'embrasse en ne pensant pas à toi...

RENÉ

Ah! non, Lorette.

LORETTE

Oui... oui... Si je pensais à toi... mon estomac gonflerait; il faudrait que je me renverse un peu en arrière tant je serais mal.

RENÉ

Ne continue pas. (*Il tend sa main à Lorette.*)

LORETTE

Ta main est douteuse... Tu es mal rasé... Ta chemise...

RENÉ

Laisse tout cela... (*Il s'approche d'elle.*)

LORETTE, *recule en sortant.*

Laisse-moi... Laisse-moi...

Scène II

RENÉ, seul.

Il regarde, immobile et las, Lorette s'éloigner, on la voit dans le jardin; il siffle : "Plaisir d'amour ne dure qu'un moment". *Il regarde les murs, il prend un livre sur une table, l'ouvre ; il soupire, siffle de nouveau :* "Chagrin d'amour", *remet le livre sur la table, va de l'autre côté de la pièce toujours en sifflant, regarde par la baie, se laisse tomber sur un divan, la tête dans ses mains et soupire sans un geste de mauvaise humeur ni de brusquerie.*

Scène III

RENÉ, PIERRE

PIERRE

J'ai rencontré le facteur: voici tes lettres. (*René tend la main. Pierre lui remet des lettres.*)

RENÉ, *regarde les lettres.*

Foinet... ça m'eſt égal (*Il met la lettre sur la table sans l'ouvrir, — il soupire, — il regarde une autre lettre.*) Le Salon d'Automne... bien. (*Il la jette aussi et regarde la dernière lettre.*) L'Argus de la Presse. (*Il regarde Pierre qui lit une lettre, et il soupire.*)

PIERRE, *se sentant regardé.*

C'eſt une lettre de ce pauvre Lucien.

RENÉ

Ah ?

PIERRE

Il divorce.

RENÉ

Ah !

PIERRE

Il souffre beaucoup.

RENÉ

Pauvre vieux !

PIERRE, *volubile.*

Imagine-toi que ce pauvre Lucien avait perdu l'amour de sa femme.

RENÉ, *regard scrutant le vide.*
Pourquoi?

PIERRE

Je ne sais pas... L'amour est simple.

RENÉ, *même jeu.*
Simple...

PIERRE

C'est ce qui est simple qui est impossible... et compliqué... (*René lève un bras.*) Ainsi rien n'est plus simple qu'une ligne droite... fais-en une : tu n'y parviendras pas : pourtant c'est simple.

RENÉ, *se levant.*
L'homme est vraiment trop borné.

PIERRE

Peut-être avait-elle besoin d'avoir un enfant... C'est ce qu'il pense...

RENÉ

Défaite... Tiens, Charles, sa femme l'a quitté en lui laissant ses deux enfants : pourtant elle adorait ses gosses et elle admirait son mari... Il n'y a de raison à rien... et son amant n'est pas riche, il n'est pas intelligent, et il ressemble à Charles... en plus laid.

PIERRE

Charles ne s'en est pas remis.

RENÉ, *cherchant un espoir.*

Les femmes sont faibles, souvent malades; les psychiâtres seuls pourraient les sauver.

PIERRE

Lucien me disait cela, la dernière fois que je l'ai vu. Pourtant, dès que sa femme s'est enfuie avec Raoul, elle est devenue plus calme, et quelque temps après elle était gaie...

RENÉ, *il regarde Pierre.*

Eh! oui... Un mari aimerait mieux savoir sa femme malade: elle guérirait... peut-être, plutôt que de ne plus sentir s'éveiller le désir là où on l'a cueilli, comme Lorette cueille des fleurs en ce moment...

PIERRE, *regardant à terre.*

Oui...

RENÉ

Le vide atroce... As-tu connu cette douleur?...

PIERRE

Oui... aussi je ne pas avoir vingt ans plusieurs fois...

Scène IV

LORETTE, RENÉ, PIERRE

LORETTE

Tu ne travailles pas ce matin?

RENÉ

Pas très en train.

PIERRE

Je crois qu'il faut se forcer parfois.

LORETTE

Oh! non, pas lui.

RENÉ

J'ai vu un coin... très dans mes cordes. Je le mijote. Il y a de belles masses.

LORETTE

Où ça?

RENÉ

Un arbre sur une mer d'avoine, avec au premier plan un ruisseau qui a la chair de poule.

LORETTE, *vivement.*

Derrière la ferme... sur la route de Saint-Ouen-des-Champs ?

RENÉ, *ému et soupirant.*

Oui...

LORETTE, *regardant le ciel et très certaine.* Ce n'est pas l'heure.

RENÉ

Je pourrais faire la mise en place (*Il s'assied.*) et le peindre cet après-midi.

LORETTE

Fais ce qui te plaît (*A Pierre.*) Vous vous habituez un peu à la campagne?

PIERRE

Depuis la guerre, je n'aime plus la campagne... J'ai tant subi de bois, de plaines... Si ce n'était ce contrariant docteur...

RENÉ

Tu serais resté à Paris cet été ?

PIERRE

Et aussi j'aime Paris pendant les vacances!

RENÉ

Enfin, tu ne comptes pas les jours?

PIERRE

Si... encore quatorze.

LORETTE, *à René.*

Tu ne t'es pas encore rasé?

RENÉ, *qui ne veut pas entendre, à Pierre.*

Ça ne te dit pas, une bonne balade à pied?

PIERRE

Non, il faut que je réponde à cinq ou six lettres.

LORETTE *à René.*

Va te laver les mains.

PIERRE

La Vérité commence.

LORETTE

Et changer de chemise.

RENÉ

Elle est terrible, la Vérité.

LORETTE

Mais elle ne te fait pas changer.

RENÉ, *s'approchant.*

Mon petit amour...

LORETTE, *s'éloignant.*

Ne me touche pas, va te laver d'abord.

RENÉ

Tu es de très mauvaise humeur... A tout à l'heure... (*Il va vers la porte.*) Sois moins désagréable au déjeuner. (*Il sort lentement.*)

Scène V

PIERRE, LORETTE

LORETTE

Rien ne le fait changer.

PIERRE, *regardant René s'éloigner.*

Pauvre vieux!

LORETTE

Je suis dure envers lui, depuis que je ne l'aime plus.

PIERRE, *gêné.*

Ah?

LORETTE

Depuis sept ans passés.

PIERRE

Et vous vivez toujours ensemble?

LORETTE

Oui, mais je ne puis plus souffrir qu'il me caresse.

PIERRE

C'est horrible.

LORETTE

Oui... Parfois, pour lui faire plaisir, j'ai essayé de l'aimer, mais c'était triste; j'avais envie de pleurer, de crier, de le battre, après.

PIERRE

Pauvre René!

LORETTE, *arrangeant ses cheveux.*

Je me suis dit un jour : "Je n'ai plus le droit de remplir

sa vie... Il est jeune... Si je le quitte... il trouvera une autre femme... qui le rendra heureux..." Je suis partie avec un imbécile pour créer l'irréparable.

PIERRE

Il y a longtemps?

LORETTE, *très gênée, se recoiffe des deux mains.* Cinq ans... Je me suis lavé les cheveux avec de l'eau de pluie, et ils ne veulent plus tenir.

PIERRE

Vous me peinez. Je vous croyais, tous les deux, si heureux, et je vous voyais avec plaisir à cause de cela.

LORETTE

J'avais dit à Suzanne de le consoler et de me tenir au courant.

PIERRE

Suzanne se prêtait à cela?

LORETTE

Oui. Je suis restée une dizaine de jours; il ne mangeait plus, il ne dormait plus...

PIERRE

C'est un brave cœur, il se donne complètement.

LORETTE

Il voulait se tuer... Mon imbécile m'écœurait... J'avais quitté René, afin qu'il vive heureux, j'étais vaincue, je suis revenue, le méprisant de sa faiblesse comme de la mienne.

PIERRE

René ne vous a rien dit?

LORETTE

Non... non... si... Il m'a dit : " Tu feras ce que tu voudras, mais reste... Sans toi il n'y a plus de vie... plus d'Art. "

PIERRE

C'est triste.

LORETTE

Pour moi aussi, c'est très triste... Je suis sa prisonnière par je ne sais quel sentiment.

PIERRE

Lui aussi est votre prisonnier.

LORETTE

Oui, mais il est plus heureux que moi.

PIERRE

Il sait se satisfaire du peu qu'il a.

LORETTE

Oui... oui... Il m'aime, et, tant que je suis près de lui, il garde un espoir... tandis que moi...

PIERRE

Je suis navré de vos confidences.

LORETTE

Elles ne sont pas terminées.

PIERRE

Le reste pour un autre jour.

LORETTE, *se recoiffant.*

Non... non... Vous souvenez-vous de moi, quand j'avais dix-huit ans?

PIERRE, *gêné.*

Oui... oui...

LORETTE

Pas tant que moi...

PIERRE

Mais si...

LORETTE

J'en suis certaine...

PIERRE

Il y a dix ans... (*Silence.*) ce n'est pas très vieux.

LORETTE, *très près de Pierre.*

Vous souvenez-vous ? René était au régiment. Vous le connaissiez très peu. Nous étions chez Laurent, qui est mort à la guerre.

PIERRE

Un peu...

LORETTE, *se regardant dans la glace.*

Nous faisions tourner la table, dans l'obscurité.. Votre main a pressé la mienne...

PIERRE

Oui... oui.

LORETTE

Votre tête a roulé sur mon épaule...

PIERRE

Oui... oui...

LORETTE, *du doigt désignant son cou.*

Et vous m'avez embrassée là...

PIERRE, *gêné.*

Oui... oui...

LORETTE

Ce soir-là, je me souviens, vous m'avez accompagnée : nous avons pris le métro.

PIERRE

Peut-être... oui...

LORETTE

J'ai dû vous dire quelque chose de bête: vous m'avez regardée drôlement et puis, vous avez ri... Pourtant, pour moi, ce n'était pas drôle.

PIERRE

Que m'aviez-vous dit?...

LORETTE

Je ne sais pas, mais je me souviens de votre œil rieur.

PIERRE

Ce soir-là, oh! je ne vous en veux pas, mais vous m'avez évincé.

LORETTE

J'avais dix-sept ans, je me croyais amoureuse de René; j'avais appris qu'Arlette l'avait accompagné jusqu'à sa ville de garnison et, pensant qu'il en serait malheureux, j'avais bêtement choisi Laurent, que je croyais son meilleur ami.

PIERRE

C'était enfantin.

LORETTE

J'avais dix-sept ans, j'étais intoxiquée par les romans à la Bourget.

PIERRE

Evidemment.

LORETTE

Le plus triste, c'est que je n'aimais vraiment pas René et que Laurent me déplaisait.

PIERRE

Vraiment?

LORETTE

Oui... oui... Mon seul souvenir d'amour... c'est un pressement de main dans l'obscurité et un baiser, là, sur le cou.

PIERRE

Ah! non.

LORETTE

Il faut bien que je vous

l'exprime puisque, quoi que je dise, vous semblez ne pas comprendre, et j'en souffre.

PIERRE

Ce soir-là est si long?...

LORETTE

Si vous saviez le nombre de rêves où je vous ai senti m'embrasser là... sur le cou!

PIERRE

Quelle erreur!... Comme c'est triste!...

LORETTE

Sans vous avoir revu pendant huit ans... Puis, un soir, il y a de cela deux ans... je vous ai vu; vous étiez en convalescence... vous, indifférent, moi, le cœur battant, ne pouvant plus respirer... pourtant l'air très indifférent... incertaine aussi que ce fût vous: je vous croyais mort...

PIERRE

On l'a dit plusieurs fois...

LORETTE

Nous étions au café... J'ai dit à René de vous appeler...

Vous avez retiré votre képi et m'avez souri; mon cœur battait à se décrocher...

PIERRE

Je me souviens très bien de ce soir-là. Et moi qui vous croyais si heureux tous deux!...

LORETTE

Quelques jours après, au même café, j'attendais René, ne pouvant plus parler. Je vous ai dit... ce que je viens de vous expliquer, malhabilement; vous avez fait semblant d'être pris ailleurs.

PIERRE

J'ai cru que vous vouliez vous amuser de moi...

LORETTE

J'ai cru que vous preniez votre revanche...

PIERRE

C'est peu mon caractère...

LORETTE

Vous n'avez plus jamais pensé à moi?

PIERRE, *gêné*.

Je vous croyais très heureuse.

LORETTE

Et maintenant?

PIERRE

Pauvre René! Comme c'est triste!... Mon pauvre petit!...

LORETTE

Je ne suis pas à plaindre...

PIERRE

C'est peut-être moi que je plains... Comme vous êtes orgueilleuse!

LORETTE

Ce que je souffre.

PIERRE, *regardant longuement Lorette.*

Comme c'est bête.

LORETTE, *froissée.*

Mes cheveux m'agacent.

PIERRE, *sans regarder Lorette.*

Oui.

LORETTE *laisse ses cheveux se dénouer.*

Regardez... (*Ses cheveux sont très longs.*) Ils ne veulent pas tenir...

PIERRE

Cessez... Non.. on n'a jamais le droit de faire souffrir un être!... surtout un bon ami... Si on a commis une erreur...

LORETTE

Taisez-vous...

PIERRE

Elle ne doit rendre malheureux que nous-mêmes.

LORETTE

René aurait souffert si je l'avais quitté alors.

PIERRE

Moins qu'aujourd'hui.

LORETTE

Il a trop souffert pour Laurent...

PIERRE

C'est odieux.

LORETTE

Quand vous m'avez brûlée de vos désirs, vous connaissiez notre liaison.

PIERRE

Ne le voyant plus, je croyais que c'était fini.

LORETTE

Il sait que je ne l'aime plus.

PIERRE

Serrer sa main et caresser sa femme avec la même main...

LORETTE

Je m'appartiens. (*Silence*) Devons-nous souffrir toujours ?

PIERRE

Vous vous êtes contenue depuis dix ans.

LORETTE

Je ne peux plus. Quand je vous vois remuer les lèvres, j'ai envie de vous embrasser.

PIERRE

Non... non...

LORETTE

Si vous saviez ce que j'éprouve depuis que vous êtes ici !.. J'en ai les jambes brisées.

PIERRE, *prenant la main de Lorette.*

Voyons... voyons... Calmez-vous...

LORETTE

Si vous saviez! Quand vous êtes là, l'air eﬆ doux. De vous voir m'apaise.

PIERRE

Je reﬆe encore quatorze jours.

LORETTE

Quand je ne vous vois pas, je souffre dans l'obscur de moi-même, comme si un être irremplaçable et que je connais pas était mort; et je me sens seule à en mourir lentement. (*Elle tombe sur le divan, en pleurant, la tête dans les mains. Pierre s'assied à côté d'elle et lui prend les mains; tout ceci pendant que le rideau tombe.*)

Deuxième Tableau

Le même décor, quelques heures après.

Scène VI

LORETTE, PIERRE

LORETTE

Qu'avez-vous ?

PIERRE

Je crains qu'en votre pensée vous ne soyez deux.

LORETTE

Non.

PIERRE

Que vous regrettiez...

LORETTE

J'avais réfléchi à tout depuis longtemps.

PIERRE

Que vous me compariez ?

LORETTE

A qui ?

PIERRE

Je ne sais pas.

LORETTE

A mon mari ? Je ne l'aimais pas : c'était pour partir de chez mes parents. A René ? J'ai cru l'aimer. Laurent ? Ai-je trompé René ou moi ?

PIERRE

Est-ce tout ?

LORETTE

Pendant la guerre... un soldat... Il te ressemblait.

PIERRE

Ah !

LORETTE

J'ai voulu me tromper : je pensais à toi.

PIERRE

Ah !

LORETTE

J'ai senti qu'il me méprisait. Il ne pouvait pas comprendre. Il était triste. Pauvre petit. Il a dû se faire tuer. (*Pierre est très gêné.*) J'ai gardé sa photo !

PIERRE

Ah !

LORETTE

Elle est là.

PIERRE

Vous gardez cette photo, mais si René la trouvait ?

LORETTE

Je lui dirais.

PIERRE

Ah !

LORETTE

Qu'as-tu ?

PIERRE

Rien. Ne me parlez plus de toutes ces histoires.

LORETTE

Veux-tu que je la déchire (*Elle va vers un meuble.*)

PIERRE

Non. (*Lorette ouvre le meuble.*)

LORETTE

Si. (*Elle cherche.*) Si ! tiens ! (*Elle déchire la photo et jette les morceaux.*)

PIERRE

C'était inutile.

LORETTE

Je regrette. Je ne t'ai pa' trompé : je ne pensais qu'à toi. Il te ressemblait, et je n'espérais plus qu'un jour...

PIERRE

Que d'erreurs !

LORETTE

Mon chéri ! Si tu savais !... (*Elle serre Pierre contre elle.*) Non ! tu ne peux pas savoir... (*Elle embrasse Pierre.*) Je souffre... (*Elle roule sa tête sur l'épaule et sur la poitrine de Pierre.*) Je ne peux pas te quitter. (*Elle regarde Pierre dans les yeux.*)

PIERRE

Qu'as-tu ?

LORETTE

Si tu savais dans quel état je suis en ce moment! ...

PIERRE

Remets-toi. S'il venait...

LORETTE, *elle l'embrasse.*

Je n'en peux plus.

PIERRE, *il se dégage.*

Il ne faut pas... René...

LORETTE

Lui ? ça n'a pas d'importance.

PIERRE

Je ne veux pas.

LORETTE

Au moins, que nos amis... Pardonne-moi... Tu sais, tu es bavard... Je connais toutes tes histoires.

PIERRE

Les histoires qui ne parlent que des femmes incompromettables . . .

LORETTE

Alors, tu as d'autres aventures que celles que je connais?

PIERRE

Je ne sais pas celles que tu connais.

LORETTE, *le regardant dans les yeux.*

Combien as-tu eu de maîtresses?

PIERRE

Je ne sais pas.

LORETTE

Une cinquantaine?

PIERRE

Je n'ai pas compté...

LORETTE

Parce que tu n'en as pas trouvé une seule. (*Silence.*)

PIERRE

A quoi penses-tu?

LORETTE

A moi. (*Silence.*) Et toi?

PIERRE

A René.

LORETTE

Mais puisqu'il sait que je ne l'aime plus...

PIERRE

Je ne veux pas qu'il souffre à cause de moi.

LORETTE

Je t'aime. Je voudrais n'avoir appartenu qu'à toi et sentir vivre ton fils en moi.

PIERRE

Quelle honte pour moi... s'il savait!... Ah! j'aimerais mieux faire une attaque.

LORETTE

Tais-toi! Tais-toi! J'ai le droit d'aimer. Mon cœur, mon corps, mes sens sont à moi.

PIERRE

Nous n'avons pas le droit de le faire souffrir.

LORETTE

La souffrance est moins dégradante que le mensonge.

PIERRE

A la vérité, je partirai.

LORETTE

Il me faudra te suivre.

PIERRE

Non! La seule possibilité de vivre heureux, et nous pouvons l'être tous trois...

LORETTE

C'est ?...

PIERRE

...de vivre d'un mensonge... même s'il est convenu.

LORETTE

Tu ne sais pas ce que je souffre... la nuit... Il est à côté de moi; je sens sa tiédeur, son haleine, quand, toi, tu ne peux t'endormir. (*Geste de Pierre.*) Tu me l'as dit...

PIERRE

Tais-toi.

LORETTE

Il ne peut pas s'endormir; son souffle est oppressé. Je pense à toi... à toi... Je fais semblant de dormir. Tes lèvres en ce moment me seraient si douces!

PIERRE

Tais-toi.

LORETTE

Cette nuit...

PIERRE, *sourdement.*

Ton amour va me rendre malheureux. Tais-toi.

LORETTE

Il a voulu me caresser.

PIERRE

Non... non... non... non...

LORETTE

Comme je le repoussais, il m'a répondu : " C'est une expérience ..."

PIERRE

Le pauvre ami ! Sans nous en rendre compte... nous nous désirions visiblement.

LORETTE, *suppliante.*

Je ne peux plus souffrir cette prostitution.

PIERRE

Lorette, as-tu pensé qu'il pouvait en mourir?

LORETTE, *serrant le cou de Pierre.*

Je t'aime... (*Elle embrasse Pierre.*) Et... tu l'as dit un jour à la campagne, tu ne peux pas te passer de... te passer de femme...

PIERRE, *vivement.*

Il était là ?

LORETTE

Oui...

PIERRE

Ah! savoir se taire...

LORETTE

Il n'a pas fait attention.

PIERRE

Que je le voudrais. Le voilà.

LORETTE

Embrasse vite.

PIERRE, *l'embrassant.*

Souviens-toi que nul être n'a le droit d'en faire souffrir un autre. Si René apprend ce qui existe entre nous, nous ne nous reverrons plus.

LORETTE

Je ne peux pas quitter tes lèvres.

PIERRE, *la repoussant.*

Soyons forts pour notre bonheur à nous trois. (*Pierre va s'asseoir à l'opposé de Lorette et rallume sa cigarette.*) Je vous disais donc que le sphex aux ailes jaunes, dit Fabre, se frotte les yeux de ses deux petites pattes avec des gestes presque humains.

LORETTE

Cela me déplaît toujours lorsqu'un auteur croit découvrir un côté humain dans les bêtes. (*René rentre.*)

Scène VII

LORETTE, RENÉ, PIERRE

PIERRE

Fabre en note de temps à autre.

LORETTE

J'ai fait ma mise en place; cet après-midi j'irai peindre

(*A Pierre.*) Tu as raison, il faut se forcer ou savoir se forcer.

LORETTE

Jusqu'ici tu ratais toujours.

PIERRE

René, et moi, nous n'avons plus vingt ans. nous devons aujourd'hui être plus maîtres de nous. Maintenant, même si je me force, on ne sent pas l'effort dans ma production.

LORETTE

Vous croyez que la peinture...

PIERRE

Voyons, les arts réclament la même somme d'intelligence et de travail.

LORETTE

Les hommes n'ont pas tous la même façon de sentir.

PIERRE

S'ils ne s'expriment pas de la même manière, les Grecs, les Latins, les classiques, les romantiques, les symbolistes, ont tous traité les mêmes sujets.

RENÉ, *regardant par la fenêtre.*

Voici l'enterrement du père Gaspard.

LORETTE

Ce temps eſt orageux et fatigant.

PIERRE

Il avait quatre-vingts ans?

RENÉ, *regardant toujours par la fenêtre.*

Oui. Il paraît qu'il pleurait, qu'il geignait. (*Lorette, au premier plan, fait le simulacre d'embrasser Pierre.*) Il criait et souffrait comme un damné depuis trois jours et trois nuits.

PIERRE

Sans doute un mal mortel et localisé empoisonnait lentement le reſte du corps encore sain.

RENÉ

C'était un homme solide.

PIERRE

On devrait, dans des cas pareils, endormir le mal avec de la morphine.

RENÉ

Le curé eſt venu, et, quand le père Gaspard l'a vu, à travers son mal, il a dit au curé : “ Entrez, monsieur le curé : j'ai dit des méchantes choses sur vous, pour faire comme tout le monde. ”

LORETTE

La peur de la mort...

PIERRE

Le néant...

RENÉ

Il s'est confessé, et, lorsque le curé est sorti, le père Gaspard ne criait plus : il semblait ne plus souffrir. Dans la nuit, il est mort en parlant du Paradis.

LORETTE

Et vous trouvez cela beau ?

PIERRE

Heureux.

LORETTE

Et vous êtes athée ?

PIERRE

Oui.

RENÉ

Ce qui te froisse, Lorette, dans ce cas, c'est ton désir de vérité.

Raisonne, enfant. N'eſt-il pas mieux que ce malheureux soit mort heureux grâce au mensonge ?

LORETTE

Parce que c'était un pauvre paysan.

PIERRE

Un être supérieur demanderait...

LORETTE

La Vérité...

PIERRE

... scientifique : la morphine.

RENÉ

Ce qu'il faut, c'eſt vivre et mourir heureux.

LORETTE, *terrassée par ce mot.*

Etre heureux? Qui eſt heureux? Où eſt-on heureux?

RENÉ, *regardant par la fenêtre ouverte voit passer depuis quelques inſtants déjà le simple cortège.*

Les amis ou la famille portent le mort. Le prêtre eſt devant ; c'eſt simple, grand, beau, familial.

LORETTE

Qu'as-tu? Jamais je ne t'ai... entendu raisonner ainsi...

RENÉ

C'est que je me suis agrandi. Maintenant je me comprends mieux... en profondeur.

Troisième Tableau

Le même décor, quelques instants après le deuxième tableau.

Scène VIII

LORETTE, RENÉ

Lorette est prostrée sur un divan. René, debout, la regarde tristement. Il s'approche de Lorette. Elle se lève. René met ses mains sur les épaules de Lorette; ils se regardent longuement dans les yeux.

LORETTE

Qu'as-tu encore?

RENÉ

Tu es restée seule ici?

LORETTE *détournant la tête, lassée.*

Oui.

RENÉ

Ah!

LORETTE

Que veux-tu dire?

RENÉ, *laissant glisser ses mains des épaules de Lorette le long des ses bras, puis il lui prend les mains, regarde la jeune femme et dit :*

Rien. Et Pierre?...

LORETTE

Pierre, quoi?

RENÉ

Il a écrit ses lettres?

LORETTE

Sans doute.

RENÉ

Toutes?

LORETTE

Je ne sais pas.

RENÉ

J'ai bien travaillé.

LORETTE

Oui.

RENÉ

Surtout, ne lui dis rien.

LORETTE

Quoi?

RENÉ

Ça ne va pas.

LORETTE

Qu'as-tu?

RENÉ

Le temps orageux...
Je suis angoissé...

LORETTE

Repose-toi.

RENÉ

Non. Je suis de mauvaise humeur. Tu es libre. Je vais me tuber. (*Il se dirige vers la porte.*) Ça me remettra un peu d'aplomb. (*Il sort.*)

Scène IX

LORETTE seule, puis RENÉ

Seule, Lorette suit la sortie de René. Elle se lève, prend une rose dans un vase, l'embrasse, les yeux fixes et vagues, Elle tire un mouchoir de sa poche, s'essuie les yeux, se mouche. Pierre entre. Elle laisse la rose sur le divan, court à Pierre, l'attrape brutalement et l'embrasse.

PIERRE

Et René?

LORETTE

Il fait sa toilette, enfin.

PIERRE

Soyez plus douce avec lui.

LORETTE, *nerveuse.*

Vous étiez à peine sorti, René m'a regardée longuement; gênée je me suis levée, il a mis ses mains sur mes épaules, a longuement regardé mes yeux, disant des phrases opposées à ses pensées.

PIERRE

Il se doute déjà. Comme c'est triste!

LORETTE

Il fallait me laisser comme j'étais.

PIERRE, *que d'autres pensées obsèdent*

Oui.

LORETTE

Ne pas venir avec nous...

PIERRE, *pensant à autre chose.*

Oui.

LORETTE

Qu'as-tu ?

PIERRE

Oui... oui... Nous devions depuis longtemps nous désirer sans le savoir.

LORETTE, *se jetant sur Pierre.*

Embrasse-moi.

(*Elle embrasse Pierre, qui semble absent. Elle se recule, se laisse choir sur un divan mollement.*)

PIERRE, *la regardant.*

Pauvre amie !

LORETTE

Pourquoi me plains-tu ?

PIERRE

Si j'avais fait l'effort nécessaire il y a dix ans, nous aurions été très heureux.

LORETTE

Aujourd'hui peut être aussi beau.

PIERRE

Non. René en regardant tes yeux a trouvé des raisons à ses craintes.

LORETTE

Pourquoi me dire cela?

PIERRE, *très tendre*

Excuse-moi.

LORETTE

Quand tu n'es pas contre moi, j'ai peur. Si tu allais moins m'aimer!... Embrasse-moi.

PIERRE

Voler des baisers!

LORETTE, *pleurant*

C'est vrai.

PIERRE

Non, je voulais te dire : se cacher.

LORETTE

Ne me regarde pas. Je suis bête.

PIERRE, *inquiet regarde autour de lui.*

Je vous en conjure : cessez. Vous allez donner d'autres aliments aux soupçons de René. (*Elle pleure toujours.*) Si vous saviez comme je suis inquiet!

LORETTE

Ça va s'arrêter.

PIERRE

Votre faiblesse me trouble. Pauvre vous... moi! René...

LORETTE

Je n'ai même plus le droit de pleurer.

PIERRE

Arrêtez-vous. Je ferai ce que vous voudrez.

LORETTE, *regardant Pierre dans les yeux.*

Embrasse-moi.

PIERRE, *l'embrassant.*

Ah! mon pauvre petit!

LORETTE, *gaie.*

Tu vois, c'est fini. Il fallait m'embrasser tout de suite.

PIERRE

Vous m'émouvez. Je sens une vérité que je n'ai jamais éprouvée.. Essuyez vos yeux.

LORETTE

Tu veux me faire plaisir

PIERRE

Non... non... (*Lorette est heureuse.*) Je vous jure.

LORETTE, *effrayée.*

Ne jure pas.

PIERRE, *continuant.*

Vos désirs gracieux et pudiques....

LORETTE, *soudain heureuse.*

Bien vrai... ça?

PIERRE

Et cette franchise dans une situation si pénible et si fausse...

LORETTE, *attristée.*

Si vous saviez, Pierre, ce que je souffre de ces réticences! Je souffre de t'aimer; je n'ai plus de liberté. Ne pas voir ton regard m'effraye.

PIERRE

Chère petite...

LORETTE, *douce.*

Je n'ai plus de pensée à moi; parfois je te hais de t'appartenir si complètement.

PIERRE

Il me suffit de te voir de presser ta main pour être heureux.

LORETTE

Tu m'as prise a l'instant qui t'a plu. J'ai honte que tu puisses penser que c'est un amusement pour moi.

PIERRE

Tu es le plus bel amour de ma vie.

LORETTE

Pourtant...

PIERRE

Jadis, j'aimais avec des besoins de jeune animal.

LORETTE

Et maintenant?

PIERRE

Mes désirs sont patients, réservés, dans une situation déraisonnable.

LORETTE, *lassée.*

Ce bonheur est trop douloureux.

PIERRE

Tu es belle.

LORETTE

Non.

PIERRE

Tu deviens belle pour moi seulement.

LORETTE

Tu empoisonnes chacun des mes jours et tu me sauves la vie.

PIERRE

Sans doute ton désir si retenu eſt si fort que tu me l'as communiqué.

LORETTE

J'ai besoin d'être seule avec toi, et je n'ai rien à te dire. Si tu ne me parles pas je suis heureuse; tout eſt beau autour de toi.

PIERRE

Dans tout sache trouver le bonheur.

LORETTE, *désolée.*

Oui. René va venir. Il me faudra encor dissimuler.

PIERRE

Par bonté nous le devons.

LORETTE

Je ne peux plus.

PIERRE

Nous n'avons pas le droit de créer le malheur.

LORETTE

Je souffre trop.

PIERRE

Que tu es égoïste!

LORETTE, *interdite.*

Moi?

PIERRE

Comme toutes les femmes. Vous êtes des anges capables de tous les dévouements lorsque vous aimez, mais, quand c'est la fin... ah!

LORETTE, *lasse.*

Et les hommes!

PIERRE

Je ne les ai jamais regardés vivre.

LORETTE, *douce.*

Tu vois...

PIERRE

Par amour pour moi... qui suis si tourmenté... souffre un peu... afin qu'il ne souffre pas davantage.

LORETTE, *vaincue.*

Que tu es égoïste !

PIERRE

Non. Pourrions-nous vivre heureux si nous le savions malheureux ?

LORETTE

Je ne sais pas

PIERRE

A cause de nous...

LORETTE

Plus rien.

PIERRE

Le mal serait dans notre bonheur.

LORETTE, *terrassée.*

J'aime mieux qu'il me trouve seule. Le voilà...

PIERRE

Bien.

LORETTE

Toi aussi?

PIERRE

Oui.

LORETTE, *suppliante.*

Embrasse-moi.

PIERRE *sortant.*

Cet après-midi, dans les bois, quand nous serons seuls: ce sera meilleur.

Scène X

LORETTE, seule.

Elle regarde Pierre sortir, reprend la rose sur le divan, l'embrasse (c'est Pierre qu'elle embrasse). Elle soupire, René entre; elle laisse tomber la fleur sur une table avec indifférence.

Scène XI

LORETTE, RENÉ

RENÉ. *Il regarde.*

Pierre n'est pas là?

LORETTE

Non.

RENÉ

Ah! (*Il regarde Lorette.*) Qu'as-tu?

LORETTE, *gênée.*

Rien.

RENÉ, *très peiné.*

Tu as pleuré. (*Signe négatif de Lorette.*) Tu as les yeux rouges.

LORETTE, *indolente.*

Oui. J'étais seule. Ça m'arrive.

RENÉ

Mais enfin, qu'as-tu?

LORETTE, *lasse.*

Rien.

RENÉ

C'est toi qui as voulu venir à la campagne.

LORETTE

Je t'en prie.

RENÉ

Partons.

LORETTE

Non.

RENÉ

Pars seule... où tu voudras.

LORETTE

Non... non...

RENÉ

Depuis que nous sommes ici, tu es tantôt trop gaie, tantôt trop triste... Es-tu malheureuse?...

LORETTE, *lasse.*

Oui. Oui.

RENÉ

Tu ne m'aimes plus du tout? *(René pendant toute cette scène tient tendrement Lorette sur sa poitrine.)*

LORETTE

Hélas!

RENÉ

Fais ce qui te plaît? Ne sois pas malheureuse. Surtout ne pleure plus: ça me fait mal.

LORETTE, *soupirant.*

Oui.

RENÉ

Même, prends un amant, *(Lorette le regarde.)* si le cœur t'en dit.

LORETTE

René...

RENÉ, *très tendre.*

Mais reste près de moi.

LORETTE

René...

RENÉ

Tu aimes?

LORETTE

René...

RENÉ

Tu es aimée?

LORETTE

René...

RENÉ

Tu ne peux plus m'aimer encore: tu es trop franche...

LORETTE

René...

RENÉ

...pour me laisser un espoir... ou pour savoir me le cacher.

LORETTE

Ah! René, si tu savais ce que j'endure...

RENÉ

Il t'aime?

LORETTE

René...

RENÉ

Tu aimes Pierre ?

LORETTE

René... si tu pouvais m'aimer autrement...

RENÉ

Fais un effort. Reviens...

LORETTE

Ah! René...

RENÉ

Je t'aime toujours autant.

LORETTE

Oui.

RENÉ

Aime-moi, Lorette : je ne peux plus rien faire.

LORETTE

C'est impossible.

RENÉ

Il me semble que je sens le vide.

LORETTE

Ne souffre pas. Je ne peux pas vivre à côté de toi et te cacher ma pensée. Ce n'est pas ma faute...

RENÉ

Lorette...

LORETTE

Je le regrette.

RENÉ

Ma Lorette...

LORETTE

Si tu savais quelle camarade je pourrais encore être!

RENÉ

C'est pire que la mort. Reste...

LORETTE

Tant que tu voudras.

RENÉ

Pauvre Lorette! Pardonne-moi.

LORETTE. *Elle embrasse René.*

Moi aussi, je t'aime bien, va.

RENÉ

Cette fois, c'est fini, pour toujours.

LORETTE

Il y a longtemps... (*Elle quitte la poitrine de René.*)

RENÉ

Tu n'en aimais pas un autre ?

LORETTE

Aime-moi autrement : j'ai tellement besoin de quelqu'un qui soit bon !

RENÉ, *colère.*

Il est méchant?

LORETTE, *vivement.*

Non : il est très malheureux aussi.

RENÉ

Pauvre Pierre!

LORETTE

Il t'aime beaucoup : il ne veut pas que tu saches, de peur de te faire souffrir.

RENÉ

Que faire?

LORETTE

Tu as ma confiance.

RENÉ

Ne m'enferme pas.

LORETTE

Ne pleure pas. S'il croit que tu souffres à cause de lui, il nous quittera.

RENÉ

C'est horrible!

LORETTE

Et je l'aime à en devenir folle ou à me suicider... (*Pierre entre.*)

Scène XII

LORETTE, RENÉ, PIERRE

Lorette s'essuie les yeux, René cherche une cigarette, Pierre entre, regarde René et Lorette l'un après l'autre, sans trouver un regard.

PIERRE, *très gêné.*

Le temps s'éclaircit, l'orage s'éloigne. Tu auras cet après-midi la lumière qu'il te faut pour finir ta toile.

RENÉ, *proštré.*

Oui...

LORETTE, *fléchissant sur ses jambes.*

Oui... oui...

PIERRE, *craignant un aveu.*

Tout prend une couleur extraordinaire.

RENÉ. *Il met une cigarette à ses lèvres.*

Oui. Tu n'as pas une allumette?

PIERRE

Si... si... si...

LORETTE, *à René.*

Tu vas allumer ta cigarette du côté ambré.

RENÉ *regarde sa cigarette.*

C'eśt vrai.

(*Pierre frotte une allumette et s'approche de René.*)

PIERRE

Tiens. (*René allume machinalement sa cigarette.*)

RENÉ

Merci.

PIERRE, *se reprenant.*

Qu'as-tu?

RENÉ

Rien. Une vilaine histoire. (*Lorette est effrayée, immobile, les yeux sur René.*)

PIERRE

Qui t'arrive ?

RENÉ

Oui. (*Silence.*) Elle n'a d'importance que pour moi.

PIERRE

Mais, c'est grave?

RENÉ

Pour moi, mais ça se tassera.

PIERRE

Ah!

RENÉ

Une personne que j'aimais beaucoup est

morte. (*Silence.*) Ma tante. Et je reçois la lettre quand l'enterrement est terminé.

PIERRE, *heureux.*

Ah! mon pauvre vieux! (*Lorette embrasse René.*)

RENÉ

Je me sens un peu seul; elle m'avait beaucoup aimé, beaucoup aidé.

PIERRE

Devant la mort toutes les paroles sont vaines.

RENÉ

Rien à faire, rien à dire.

LORETTE

Tu oublieras.

RENÉ

Jamais, jamais !

PIERRE

Que te dire ?

RENÉ

Rien. Le temps, mais il faut pouvoir attendre.

Quatrième Tableau

Même décor que pour les tableaux précédents.

Scène XIII

LORETTE, RENÉ

LORETTE, *très triste.*

Je croyais que j'allais être heureuse, et déjà je suis désespérée.

RENÉ

Pourquoi?

LORETTE

A cause de toi.

RENÉ

A cause de moi?

LORETTE

J'ai fait tout ce que je pouvais pour toi.

RENÉ

Oui.

LORETTE

Tu m'as dit de revenir, que je serais libre...

RENÉ

Oui.

LORETTE

...mais que je reste près de toi.

RENÉ

Oui, mais c'est terrible, le voyage de l'amour à l'amitié.

LORETTE

Je t'aime comme mon frère.

RENÉ

Tu sais ce que c'est que l'amour?

LORETTE

Hélas !

RENÉ

Si lui te disait ce que tu me dis, pourrais-tu cacher ta déchéance?

LORETTE

Non.

RENÉ

Si, après t'avoir embrassée, caressée ainsi, comme tu m'aimais jadis, il devenait indifférent...

LORETTE

C'eſt ce qui m'arrivera.

RENÉ

Ma pauvre Lorette, alors tu seras comme moi en ce moment : pitoyable. Excuse-moi...

LORETTE

Je sais.. je sais... Toutes ses hiſtoires... comme il a quitté toutes ses maîtresses...

RENÉ

Oui.

LORETTE

Sans une explication.

RENÉ

Pauvre Clémence !

LORETTE

Un soir, il eſt

allé acheter un paquet de cigarettes... et elle ne l'a jamais revu.

RENÉ

Ça fait quinze ans.

LORETTE

Oui, et, depuis, elle l'attend... en fumant... et elle en meurt.

RENÉ

C'est un ami certain.

LORETTE, *prenant le bras de René.*

Tous les jours je crois qu'il va fuir.

RENÉ, *avec un nouvel espoir.*

Tu crois?

LORETTE

Parce que j'ai peur. Je suis stupide près de lui, quand nous sommes seuls. Je ne fais que le regarder dans les yeux, et je ne vois rien... rien... rien.

RENÉ, *lui tendant la main.*

Pauvre Lorette! Nous sommes dans le même état.

LORETTE

Moi, c'est une plaie mortelle.

RENÉ, *colère contenue.*

Et lui...

LORETTE

Il n'ose plus te regarder dans les yeux.

RENÉ

Ah!

LORETTE

Il évite de te serrer la main.

RENÉ, *serrant les poings.*

Si seulement c'était sa faute...

LORETTE

Ce n'est pas plus sa faute que ce n'est la tienne si je ne t'aime plus.

RENÉ

J'ai tout essayé pour te retenir.

LORETTE

J'ai tout essayé pour te rester.

RENÉ

Tais-toi, c'est horrible.

LORETTE

Pour moi aussi.

RENÉ

Personne ne sait ce que c'est que le vide. Je le sens.

LORETTE

Mon pauvre René! (*Elle l'embrasse*). Sois bon.

RENÉ

Je sens. Tu n'entendras aucune de mes paroles. Rien de moi ne peut t'émouvoir.

LORETTE

Oui. Pourtant je t'aime bien.

RENÉ

C'est vrai.

LORETTE

Tu me rendrais heureuse si tu étais gai.

RENÉ

Embrasse-moi.

LORETTE

Non! Ce serait un vilain geste.

RENÉ

Rien n'a changé en moi.

LORETTE

Oui.

RENÉ

Je ne peux pas croire qu'au moins tu ne me reviendras pas. Pourtant, réponds-moi.

LORETTE

Que sais-je ?

RENÉ

S'il t'abandonnait soudain ?

LORETTE

En ce moment je ne pourrais pas le supporter. Non...non...non!

RENÉ

Pourtant, moi...

LORETTE

Mon pauvre René! (*Elle l'embrasse*). Aide-moi à passer ce tunnel. Tu es bon, aide-moi: j'en ai bien besoin. Qui sait?

RENÉ

Le voilà.

LORETTE, *vivement.*

Laisse-moi sortir. Je ne veux pas le voir en ce moment... Voilà...

RENÉ

Non... non...

LORETTE

Il n'aime plus à être seul avec toi. C'est vrai.

RENÉ

Je ne peux pas non plus. Reste. (*Il sort baissant la tête.*)

Scène XIV

LORETTE, seule.

Elle court à la fenêtre, envoie des baisers à Pierre qui apparaît sur le seuil de la porte.

Scène XV

LORETTE, PIERRE

LORETTE

Vous vous êtes fait attendre bien longtemps.

PIERRE

Non.

LORETTE

Et je vous en aime davantage.

PIERRE, *banal.*

Moi... aussi...

LORETTE

Vous?

PIERRE

Je vous jure...

LORETTE, *atterrée.*

Ne jure pas... non, ne jure pas!

PIERRE

Qu'avez-vous?

LORETTE

Il y a longtemps... tu as dit à Laurence, qui en meurt: "un serment... c'est peu de chose... il faut toujours le faire... si ça doit donner un espoir."

PIERRE, *gêné.*

Vous avez trop de mémoire.

LORETTE

Je te demande pardon.

PIERRE

Mais non.

LORETTE

A quoi penses-tu?

PIERRE

On parle parfois pour faire du bruit... éviter un silence... où l'on se dévoilerait trop.

LORETTE

Tu as peur que je te connaisse trop?

PIERRE

Non, non. D'ailleurs, dès qu'un être a découvert un de mes coins intimes,... je le change inconsciemment.

LORETTE

Je ne te juge pas, mon amour, je t'aime. Tu serais un prince, un voleur, un assassin, un chiffonnier; ce serait la même chose pour moi!

PIERRE. *Il regarde Lorette.*

Oui...

LORETTE

Mais embrasse-moi! Je ne peux plus te voir et ne pas être contre toi. (*Elle l'enlace ; lui, la regarde.*)

PIERRE, *la serrant contre lui.*

Tes lèvres sont rouges et humides de désirs.

LORETTE

Tais-toi! (*Ils s'embrassent très longuement.*) Ne me regarde pas ainsi : tu me juges.

PIERRE

Non. Et René ?

LORETTE

De quel droit ce nom vient-il détruire toutes mes joies?

PIERRE

Pas de grands mots : tu lui a promis ce que tu n'avais pas.

LORETTE

Je ne lui ai rien promis.

PIERRE

L'Amour...

LORETTE

Je lui en ai donné tant que j'en avais pour lui : je n'en ai plus.

PIERRE

Ton cœur est inconstant, alors.

LORETTE

Tais-toi.

PIERRE

Le mien l'est aussi, et nous allons détruire le bonheur qu'il y a chez le seul cœur fidèle de nous trois.

LORETTE

Tais-toi, tais-toi ! Quel besoin as-tu d'analyser tout... toujours ?

PIERRE

Je me connais.

LORETTE

Il ne m'aime pas : je lui suis nécessaire ; mais, s'il était à ma place... ah ! il n'aurait pas eu mes scrupules.

PIERRE

Oui.

LORETTE
Ni mes bontés.

PIERRE
Continuez à être bonne.

LORETTE
Si tu le veux, mais tu n'arrêteras plus nos joies... avec son nom qui me tombe sur le cœur comme un poids.

PIERRE
Le voilà.

LORETTE, *embrassant Pierre vivement.*
Malgré tout, je suis heureuse.

PIERRE
Oui.

LORETTE
Il me semble que c'est le plus beau jour de ma vie. (*René entre, pâle.*)

Scène XVI

LORETTE, PIERRE, RENÉ

LORETTE, *près d'un vase plein de fleurs.*
Vous ne trouvez pas, Pierre, que toutes ces fleurs sont à changer ?

PIERRE
Si cela vous plaît.

LORETTE, *à René.*
Viens cueillir des fleurs plus fraîches.

RENÉ
Non: je vais aller peindre ma mise en place de ce matin.

LORETTE
Tu pars tout de suite?

RENÉ, *regardant dehors le jour.*
Non: ce n'eſt pas encore exactement l'heure.

LORETTE, *heureuse.*
En attendant, je vais composer un bouquet selon mon goût. (*Elle sort.*)

Scène XVII

PIERRE, RENÉ

RENÉ
Comme elle semble gaie! Chaque jour davantage.

PIERRE

Les hommes sont journaliers, les femmes minutières.

RENÉ

L'inconscient de nos actes est très raisonné ; elle n'est nullement neurasthénique ; elle ne me désire plus.

PIERRE

Ah !

RENÉ, *regardant Lorette dans le jardin.*

Il n'ya plus d'amour pour moi dans son cœur, et, comme les femmes sont faites pour l'amour, sauvegarde de l'humanité, je l'irrite...

PIERRE, *gêné.*

Elle fait bien, dans les fleurs.

RENÉ

Petit à petit, sans qu'elle s'en rende compte, elle va me haïr ; je deviens aujourd'hui un obstacle au bonheur qui va paraître.

PIERRE

Je te comprends mal.

RENÉ

Il y a longtemps que je

pressens cela, mais je trouvais des raisons pour me le dissimuler.

PIERRE, *à Lorette qui est dehors.*

Vous avez assez de fleurs.

RENÉ

Depuis neuf ans, j'ai fait tout pour la reprendre : rien n'y a fait. Elle était à un autre : elle ne le savait pas elle-même. Elle a été très bonne... de bien vouloir rester... près de moi...

LA VOIX DE LORETTE

Le bouquet n'est pas encore assez beau.

PIERRE

Et tu as pu supporter ce souvenir présent?

RENÉ

Je doutais...

PIERRE

Pauvre vieux! Et moi qui vous croyais heureux!

RENÉ

Le mort vivant...

PIERRE

Tu pouvais dissimuler.

RENÉ

Qu'aurais - tu fait?

PIERRE

Chaque fois que j'ai senti que la mort enveloppait un sentiment, même si l'objet était d'une inestimable valeur, je l'ai brisé,

RENÉ

Ce courage, je ne l'ai pas.

PIERRE

J'ai préféré souffrir seul, mais j'ai cherché un nouvel être... ou un paysage dont je n'étais pas las... ou qui n'était pas las de moi.

RENÉ

Et le souvenir?

PIERRE, *s'essuyant le front.*

Ah! le souvenir...

RENÉ

Il n'était pas attaché à toi.

PIERRE

Toutes mes maîtresses se mêlaient en une seule: celle que je possédais.

RENÉ

Tu croyais en elle?

PIERRE

Oui.

RENÉ

Et tu as pu croire à toutes?

PIERRE, *las*.

Oui, même les plus grues.

RENÉ

Je ne puis te comprendre.

PIERRE

Je les traitais comme des déesses.

RENÉ

Je ne pourrais pas.

PIERRE

Tu crois?

RENÉ

Tu n'as jamais aimé une femme comme Lorette.

PIERRE, *inquiet*.

Peut-être.

RENÉ, *regardant Pierre qui regarde un livre.*

Elle était une telle amoureuse! J'ai eu des maîtresses; jamais comme elle... Quelles nuits! Elle m'a vraiment aimé avec sincérité. Là, elle est riche.

PIERRE

Chacun a cru que sa...

RENÉ

L'aube souvent nous a surpris. nous n'étions pas las de nous aimer. Il n'y a pas une caresse, entends-tu, qu'elle m'ait refusée... pas un baiser que j'ai désiré sans le posséder immédiatement.

PIERRE *jette son livre.*

Oui.

RENÉ, *méchant.*

Son corps était plus frais qu'il ne l'est maintenant, sa bouche plus vierge: elle se jetait sur moi délirante et pudique.

PIERRE

Je crois que c'est ton jour...

RENÉ

Et son odeur! Pendant des nuits, je l'aurais bue. Elle aussi d'ailleurs : elle était si caressante !...

PIERRE

Bien... bien...

RENÉ

Ses cuisses et son ventre formaient tant de beauté...

PIERRE

Mon vieux...

RENÉ, *anxieux.*

Je te fais mal?

PIERRE

Non, non.

RENÉ

Je te fais souffrir aussi ? Mais dis-moi...

PIERRE, *inexistant.*

Quoi?

RENÉ

... la Vérité.

PIERRE

Ce que tu me dis me rend très malheureux.

RENÉ, *fixant ses regards sur Pierre.*
Tu l'aimes aussi.

PIERRE, *sans force.*
Qui ?

RENÉ

Lorette. (*Pierre regarde dehors. Silence.*) Elle me l'a dit.

PIERRE

Non.

RENÉ

Si! Elle m'a dit aussi... (*Se cachant le visage.*) qu'elle t'aimait.

PIERRE

Vraiment...

RENÉ

Je ne t'en veux pas. Nous ne sommes plus des barbares... Pas ta faute... ni la sienne...

PIERRE

Tout est mal à sa place...

RENÉ

Depuis quand?... dis ?

PIERRE

Je ne sais... Je te connaissais peu alors.

RENÉ

Il y a neuf ans.

PIERRE

Nos sentiments se sont émus sans se comprendre.

RENÉ

Neuf ans...

PIERRE

Nous ne nous sommes presque jamais revus... Pourtant nos désirs subsistaient : je n'ai jamais choisi une femme, je n'ai jamais pu résister à un désir vrai.

RENÉ

Tu es de ceux que l'on choisit.

PIERRE

Les hommes choisissent les jeunes filles, les femmes choisissent les hommes.

RENÉ

Oui... oui... Je l'ai choisie, et elle t'a choisi : tout est là.

PIERRE

Je te demande pardon, mon pauvre vieux : tu es mon seul ami.

RENÉ

Oui... je sais... Moi aussi.

PIERRE

Mais elle a tant de charmes ! Tu les connais.

RENÉ

Oui, ma vie s'est brisée à terre et les morceaux sont sans intérêt.

PIERRE

Ne peux-tu pas oublier cette triste erreur?

RENÉ

Moi... si... mais elle ?

PIERRE

Je ne sais si je pourrais la caresser maintenant.

RENÉ

Tu l'aimes si peu ?

PIERRE

Je penserais toujours à toi.

RENÉ

Nous ne sommes barbares que par nos sentiments.

PIERRE

Tu crois?

RENÉ

A cause de moi, de moi seul, nous allons être tous les trois malheureux. (*Lorette entre inaperçue.*)

Scène XVIII

RENÉ, PIERRE, LORETTE

PIERRE

Certes, j'ai souvent été plaqué, mais aussi j'ai plaqué souvent : je souffrirais moins que toi. (*Lorette laisse tomber ses fleurs.*) Je me connais, je sais le temps de ce mal : j'en connais les étapes froides, chaudes, les langueurs...

RENÉ

Ce n'est pas toi. c'est moi qui dois partir.

PIERRE

Il faut savoir se faire de beaux souvenirs.

RENÉ

Mais c'est toi qu'elle aime.

PIERRE

Pardonne-moi, elle te reviendra... plus tard.

RENÉ

Résolution d'amour, serment d'ivrogne.

PIERRE

Non, mon vieux. Ecoute : ce soir après le dîner, je me sauverai sans rien dire.

LORETTE

Non... non...

RENÉ, *affaissé*.

C'est le destin.

PIERRE

Lorette !

LORETTE

Je ne peux pas.

PIERRE

Taisez-vous.

LORETTE

Quelle lâcheté! Tous les deux contre moi !

RENÉ, *très bon.*

Lorette...

LORETTE, *à Pierre.*

Non... non... Reste! Je ne peux pas vivre sans toi.

RENÉ

Moi non plus.

PIERRE, *doux, à Lorette.*

Laissez-moi partir! Je suis le seul coupable...

LORETTE

Ce n'est la faute de personne.

PIERRE

Seuls, les coupables doivent être punis.

LORETTE, *enlaçant Pierre.*

Mais, puisque René sait tout... Reste!

RENÉ

Ah! le silence d'un cœur qui ne bat plus pour soi !

LORETTE

Mon seul amour... nous pouvons enfin nous aimer sans nous cacher.

PIERRE

René est là.

LORETTE

Il sait que je t'aime. Si tu pars je meurs à l'instant. Il me perdra aussi.

RENÉ. *La tête baissée, les mains cachant ses yeux.*

Je m'en vais. Vivez heureux, mais cachez-vous. (*Il sort.*)

Scène XIX

LORETTE, PIERRE

PIERRE

De savoir qu'il souffre à cause de moi, je ne me sens plus le même.

LORETTE, *blottie contre lui.*

Je t'aime.

PIERRE

Quel courage de briser tout ainsi !

LORETTE

Tu es tout pour moi...

PIERRE

Et si je t'aimais moins...

LORETTE

Embrasse-moi.

PIERRE *l'embrasse. Puis se dégageant.*
Non... laisse-moi fuir !

LORETTE, *mourante, se jette sur Pierre.*
Ah ? Prends-moi !

1919

Achevé
de composer
et d'imprimer
pour la première fois
le premier jour du Printemps
dans les nouveaux ateliers de
FRANÇOIS BERNOUARD
Typographe et libraire
10, rue Lebel
VINCENNES
1927

www.ingramcontent.com/pod-product-compliance
Lightning Source LLC
LaVergne TN
LVHW050420160826
845677LV00002BA/458

* 9 7 8 2 3 2 9 7 5 8 4 4 2 *